Ivan Genesio

I Benefici delle Esperienze in Natura

Rassegna sullo stato attuale delle ricerche

Bambù Edizioni

© 2019 Bambù Edizioni, Firenze
Finito di stampare gennaio 2019
ISBN : 9781795503860
Per contatti e commenti con l'autore: ivangenesio@yahoo.it

Indice e sommario

PREMESSA

È fatto a tutti noto che in mezzo alla natura si sta bene.

Le esperienze negli ambienti naturali possono apportare alle persone molteplici benefici dal punto di vista psico-fisico; tuttavia i meccanismi con cui questi ci vengono donati sono ancora poco conosciuti [1, 2] e probabilmente non lo saranno mai completamente.

In questo lavoro, si farà riferimento a pubblicazioni scientifiche riconosciute a livello internazionale, in particolare a un recente studio di S. Franco et al. dell'Università di Scienze Biologiche del Queensland – Australia [3], che si basa sulla revisione di circa 350 ricerche riguardanti i benefici, percettibili e non percettibili, che l'essere umano può ottenere immergendosi nella natura.

Il presente elaborato è rivolto a chi, nell'ambito delle esperienze naturalistiche e dell'educazione ambientale, riveste uno dei ruoli di maggior responsabilità: la Guida Ambientale[1]. Secondo chi scrive, ogni Guida Ambientale dovrebbe conoscere ed essere informata sullo stato dell'arte in materia, questo per poter comprendere meglio le potenzialità che

---

[1] Nel Testo Unico del Sistema Turistico Regionale della legge regionale 20 dicembre 2016 n. 86 della Regione Toscana, a proposito della definizione della professione di Guida Ambientale, si legge, nel capo III, Art. 122, fra i possibili compiti, quello di fornire: "[...] *elementi di educazione ambientale.*"

un'escursione nella natura può offrire dal punto di vista della salute, ed anche per poter avvicinare nel modo migliore le persone alla natura e alle meraviglie che essa offre, motivando le stesse a esercitare un rispetto e un riguardo sempre maggiore verso di lei.

INTRODUZIONE

N on è di certo un'acquisizione recente il fatto che la natura possa esercitare una azione benefica sugli esseri umani. L'interesse per la natura come risorsa terapeutica ha infatti basi molto più antiche di quelle che si possa immaginare.

Ippocrate raccomandava di svolgere attività all'aria aperta, di fare bagni in acque pure e di frequentare luoghi ameni per il benessere fisico e mentale. Anche negli antichi testi romani si trovano indicazioni circa i benefici per la salute ottenuti trascorrendo del tempo all'aperto, in mezzo al verde [4].

Esistono scritti monastici, datati fin dal 1200, che parlano della creazione e della cura di giardini. San Bonaventura nel 1260 scriveva che i giardini erano importanti "*non solo per il cibo, ma anche per la ricreazione all'aria aperta, per aiutare il recupero degli ammalati e per preservare la salute e migliorare quelli affaticati dai loro studi spirituali*" [5].

In tempi più recenti, nel 1839, la relazione annuale del Cancelliere Generale britannico affermava che "*un parco [...] avrebbe ridotto le morti annuali di migliaia di persone e avrebbe aggiunto diversi anni alle vite di tutta la popolazione*" [4]. Si riteneva infatti che la sovraesposizione agli ambienti artificiali causasse "*eccessiva tensione nervosa, eccessiva ansietà, insofferenza e irritabilità*" [6].

La nevrastenia[2] era spesso curata con la "terapia della natura". Figure di spicco come il poeta Walt Whitman, il pittore Thomas Eakins, il romanziere Own Wister e il presidente degli Stati Uniti Theodore Roosevelt, vennero mandati a curarsi con soggiorni presso delle fattorie al fine di trascorrere un periodo a contatto con la natura. La cura suggerita era semplice: vivere esperienze immersi nel puro e genuino paesaggio rurale. Questo fatto ha portato a un aumento delle ricerche sul potenziale rigenerante dei paesaggi naturali [8]. Da qui una serie di studi rivolti all'individuazione dei percorsi sensoriali e non sensoriali attraverso cui la natura ci dona i suoi benefici.

Gli studiosi si sono concentrati inizialmente sui benefici determinati dalla "vista della natura", relegando in secondo piano le esperienze benefiche percepite attraverso gli altri sensi e gli altri percorsi che oggi conosciamo e stiamo iniziando a conoscere e studiare, come ad esempio le sostanze chimiche volatili disperse nell'aria, i cosiddetti *fitoncidi* di cui ci occuperemo più avanti.

È facile comprendere che l'aspetto multisensoriale delle esperienze della natura è cruciale per il benessere in quanto si sa che uno stimolo monotono è una fonte di stress, mentre l'input sensoriale multiplo stimola stati mentali di benessere e tranquillità [9]. Per questa ragione verranno trattati qui di seguito tutti i possibili "canali" di interazione fra uomo e natura, sia attraverso fenomeni percettibili (nella prima parte dell'elaborato, Capitolo 1) che fenomeni impercettibili (nella seconda parte, Capitolo 2).

---

[2] Termine introdotto dal medico statunitense G.M. Beard nel 1869 per descrivere una malattia caratterizzata da sintomi di depressione, ansia, insonnia ed emicrania.

1. Fenomeni Percettibili

1.1 La vista e l'ambiente naturale

Durante le escursioni, un fenomeno che colpisce e attrae maggiormente i partecipanti è senz'altro quello visivo come la vista di un bosco, delle montagne e delle colline, di un lago, di un ruscello o del mare, l'incontro con un cervo, o con altri animali che attraversano il sentiero, o con una piccola rosalia alpina, o la visione di un albero maestoso, oppure il *foliage* autunnale, o la semplice vista di un prato fiorito.

L'impatto positivo che la visione della natura ha sull'uomo è stato ripetutamente studiato e dimostrato [10] anche in ambito medico[3]. I benefici includono la riduzione dell'ansia [11], dello stress [12], del battito cardiaco [14] e anche un aumento della capacità di concentrazione [15].

---

[3] È noto che una buona vista o un panorama possono favorire soggiorni ospedalieri più brevi: in strutture ospedaliere si è registrato un recupero più veloce dopo gli interventi, nonché un umore migliore nei pazienti che hanno trascorso la loro degenza presso una stanza che si affacciava direttamente sugli alberi invece che su di un muro [13]. Ma anche le immagini di arte che descrivono la natura (alberi, vegetazione, fiori e acqua) sono state valutate positivamente dai pazienti ospedalieri, mentre l'arte astratta ha aumentato l'ansia, suggerendo che il contenuto della natura, di per sé, è importante [16].

Non abbiamo ancora certezze su quali possano essere gli elementi visivi dei paesaggi che esercitano un effetto benefico. Può darsi che solo una certa combinazione di elementi in una scena sia in grado di conferire benefici, come può darsi anche che un singolo elemento a sé stante sia in grado di determinarli.

Una cosa certa è che i colori presenti in natura sono importanti. L'azzurro e il verde, che sono i colori che si incontrano prevalentemente durante le escursioni, tendono ad avere un effetto calmante e ad abbassare i livelli di ansia, e risultano così essere preferiti rispetto agli altri [17, 18]. Al contrario, altri colori quali il rosso e l'arancione vengono in genere associati in natura alla percezione del pericolo, tant'è vero che, sull'essere umano, sono risultati ansiogeni[4]. Altro discorso vale per le tonalità di grigio che dominano gli ambienti urbani e che sono in grado invece di risvegliare sentimenti di aggressività di competizione [19].

Altri possibili fattori visivi possono giustificare i benefici della visione di ambienti naturali: la mancanza di linee rette, la forma della vegetazione e la variabilità nello scenario, oppure le variazioni di contrasto, la saturazione media del colore e le diverse tonalità [20, 21].

Un altro studio ha rilevato che le forme frattaliche[5], che si trovano in molte immagini naturali, basti pensare ai rami de-

---

[4] Si vedano qui le relazioni fra i colori e la psiche: https://pdfs.semanticscho-lar.org/1c95/de1991316857f494f2d50c95da403817607c.pdf

[5] Il frattale è una figura geometrica che si ripete nella sua forma allo stesso modo su scale diverse, e dunque ingrandendo una qualunque sua parte si ottiene una figura simile all'originale (https://it.wikipe-dia.org/wiki/Frattale).

gli alberi, alle foglie, ad alcuni frutti e ai fiori, possono anch'esse giocare un certo ruolo nel determinare sensazioni di benessere [22].

Alcune ricerche hanno tentato di stabilire se esistono differenze fra immagini naturali reali e le stesse riprodotte in realtà virtuale. Si è osservato sperimentalmente che le immagini artificiali non sono in grado di determinare le stesse risposte benefiche. Queste sono unicamente patrimonio dell'ambiente naturale [23] e ciò suggerisce che i benefici legati alla visione della natura possano non essere determinati unicamente dall'aspetto visivo.

La Guida Ambientale potrebbe rendere più proficui e efficaci gli effetti dell'ambito visivo durante un'escursione scegliendo ambienti il più lontano possibile da ogni realtà antropizzata, proponendo brevi pause di ristoro in punti strategici e lasciando poi che la natura metta in atto i suoi stratagemmi benefici.

Un altro aspetto forse un po' sottovalutato, ma probabilmente con un buon potenziale non ancora indagato dal punto di vista del benessere, è quello delle osservazioni notturne del cielo, esperienze che la Guida Ambientale promuoverà in ambienti lontani dall'inquinamento luminoso tipico dei centri antropizzati.

Infine, altra possibilità da considerare, è quella di proporre escursioni in contesti specifici adibiti al birdwatching data l'importanza che riveste in questi casi l'elemento "vista".

1.2 L'UDITO E I SUONI DELLA NATURA

Durante le escursioni la Guida Ambientale ha l'opportunità di far focalizzare le persone sui suoni che si possono ascoltare in natura, come il canto degli uccelli, il fruscio delle fronde degli alberi, il tranquillo scorrere di un ruscello o il fragore di una cascata.

Nei contesti naturali, lontani dai rumori antropici, si possono registrare gli effetti positivi sull'organismo umano tanto che sia il Congresso degli Stati Uniti che il National Park Service considerano il *"silenzio naturale"*, ovvero i suoni naturali senza rumori generati dalle attività umane, un'importante risorsa da salvaguardare [24].

L'inquinamento acustico è diventato un problema crescente negli ultimi anni. Circa 80 milioni di europei vivono immersi in livelli di rumore urbano troppo elevati [25]. Poiché il rumore influisce negativamente sulla nostra salute e sul nostro benessere, il sollievo che si trova in ambienti naturali è un aiuto importante. La ricerca di contesti liberi dal rumore può essere per molti[6] una spinta verso paesaggi sonori immersi nella natura [26].

L'udito è un senso molto importante, ed è il secondo più studiato dei sensi umani. Grazie alle onde acustiche che ci forniscono informazioni sull'ambiente, l'uomo può creare

---

[6] Come esempio, si consideri che il 91% degli americani vede il trovarsi in ascolto di suoni naturali motivo per visitare i parchi nazionali, e il 72% crede che una ragione per proteggere i parchi nazionali sia proprio preservarne i suoni naturali (http://npshistory.com/publications/sound/nature-of-sound/the-nature-of-sound.pdf).

un legame con lo stesso, può riconoscere un luogo, associandolo, per esempio, a sentimenti positivi [27].

È stato ripetutamente dimostrato che i suoni della natura come il vento, l'acqua e i versi di alcuni animali, siano decisamente preferiti rispetto ai suoni antropici come il rumore urbano e il rumore industriale. È un dato di fatto che i paesaggi sonori rurali vengano preferiti ai paesaggi sonori dei parchi cittadini, allo stesso modo questi ultimi risultano preferiti rispetto ai rumori urbani [28].

Alcuni studiosi si sono chiesti se fosse possibile che soggiorni in ambiti naturali potessero accelerare i tempi di guarigione e se esistono dei particolari "suoni guaritori". È risultato che il suono dell'acqua di un fiume che scorre produce sull'organismo umano effetti rilassanti [29] e il canto degli uccelli favorisce una ripresa più rapida dopo eventi stressanti [30] e può apportare un miglioramento nei casi di deficit di attenzione [31].

Gli stimoli sonori sono quindi importanti per il benessere degli esseri umani e la cosa è stata confermata anche attraverso il seguente studio: le immagini virtuali integrate con suoni naturali hanno evidenziato un miglior recupero dallo stress rispetto alle stesse immagini prive di suoni [32]. Anche gli ambienti urbani risultano più gradevoli se addolciti dai suoni della natura, come quelli emessi dalle fontane o da corsi d'acqua che li attraversano [33]. È stato altresì riscontrato che i suoni della natura diminuiscono la sensazione di sovraffollamento: la presenza di fontane e il canto degli uccelli riducono la percezione del rumore e migliorano il panorama sonoro [34]. Inoltre fra le azioni ecologico-ambientali esercitate dalle piante, sappiamo che gli alberi hanno una notevole capacità di attenuare il rumore [35].

In conclusione, la Guida Ambientale, per approfittare degli effetti benefici che la natura può apportare mediante gli stimoli sonori, non deve far altro che favorire l'ascolto dei suoni naturali, proponendo magari dei tratti da percorre in silenzio, per esempio lungo fiumi o torrenti, lasciando alle persone la possibilità di abbandonarsi all'ascolto dello scorrere dell'acqua.

Nell'ambito escursionistico vengono sempre più frequentemente proposte esperienze tematiche sull'ascolto degli animali, come il bramito del cervo nella stagione autunnale, o l'ululato del lupo, il cosiddetto *wolf howling* [7]. Questo tipo di esperienze, che spesso avvengono al buio, in notturna, quando il primo senso, la vista, perde il potere che ha durante il giorno, possono senz'altro apportare nel partecipante un incremento di attenzione uditiva.

---

[7] Attività che, nata come tecnica di censimento per individuare le posizioni di branchi di lupi, è ora diventata un'importante attrazione escursionistico-turistica.

1.3 L'OLFATTO E GLI ODORI NEL VERDE

La natura abbonda di odori di fiori, alberi, arbusti, terra, erbe, funghi, animali, insetti, materia in decomposizione, e quindi capita spesso, durante le escursioni, di imbattersi in odori naturali più o meno gradevoli.

Il modo in cui l'olfatto influenzi la nostra salute e il benessere è un aspetto dell'interazione tra la natura e l'uomo estremamente interessante ma ancora poco studiato, forse perché tutto sommato questo è uno dei nostri sensi più deboli.

L'odorato può avere effetti profondi sull'umore: il profumo dei fiori, dell'erba tagliata e della terra umida possono evocare sentimenti piacevoli, mentre l'odore di carne in putrefazione evoca comunemente sentimenti di disgusto. È stato dimostrato che gli odori che si possono sentire nei campi fioriti o nei giardini di città durante le giornate primaverili ed estive, tendono a calmare e a migliorare il tono l'umore [36]. È risultata particolarmente interessante una ricerca in cui si è constatato, attraverso le variazioni dei tracciati elettroencefalografici, che alcuni odori naturali modificano l'attività cerebrale, e quindi influenzano le capacità cognitive; questo anche in presenza di concentrazioni di aromi piuttosto basse [37].

Le nostre preferenze per gli odori sembrano essere determinate dal valore che attribuiamo agli oggetti associati a quell'odore, perciò gli odori che ci ricordano l'ambiente naturale possono evocare i sentimenti positivi che proviamo nei confronti della natura [38]. Gli odori naturali possono quindi funzionare come un fattore scatenante di connessione con la natura e perciò potrebbero fornire dei benefici in forma "indiretta".

È stato scoperto che gli odori possono influenzare il gradimento o meno dell'immagine di una persona che ci viene mostrata in fotografia [39], che comportamenti di aiuto interpersonale (come ad esempio il semplice gesto del raccogliere una penna lasciata cadere) aumentano durante l'esposizione a odori gradevoli [40]. In base a queste due ultime osservazioni, è verosimile ritenere che esperienze immerse in luoghi caratterizzati da gradevoli profumi della natura, quali boschi di ciliegio o giardini di rose o campi di lavanda in fiore, possano favorire interazioni positive fra i componenti del gruppo e spingerli ad agire in modo più altruistico, promuovendo l'insorgere di relazioni amicali.

E questo non è tutto: si è visto che gli individui esposti a fragranze floreali o al profumo di limone hanno mostrato una performance migliore nella risoluzione di anagrammi [41]. L'esposizione ad una fragranza rilassante (mughetto) e una stimolante (menta piperita) ha determinato un incremento dell'attenzione visiva [42]. Nell'ambito dell'apprendimento, si è rilevato che uno stesso gruppo di persone, al quale era stata fatta memorizzare una lista di parole mentre nell'ambiente era diffuso profumo di mughetto, ha ottenuto risultati migliori nel ricordare le stesse quando la prova veniva effettuata in presenza del profumo mentre la performance risultava peggiore in mancanza dell'essenza [43].

Uno dei modi in cui le molecole olfattive possono influenzarci è attraverso la connessione fra il senso dell'olfatto e il sistema limbico[8] (emotivo) [44]: emozioni e odori sono collegati e il sistema olfattivo è connesso alla sensazione di fame

---

[8] Il sistema limbico comprende una serie di strutture cerebrali e un insieme di circuiti neuronali presenti nella parte più profonda e antica del telencefalo e correlati alle funzioni fondamentali per la conservazione della specie. Tale sistema è implicato nell'integrazione dell'olfatto, della memoria a breve termine e in funzioni che si fanno più complesse man

(ipotalamo) e alla memoria (ippocampo) e influenza il tono dell'umore, le capacità cognitive e il comportamento. Ciò suggerisce chiaramente una via potenziale attraverso la quale gli effetti benefici della natura potrebbero agire per mezzo dell'odorato.

Sappiamo che gli oli essenziali[9] riducono la depressione, l'ansia, lo stress e abbassano i livelli di pressione sanguigna a conferma del fatto che i profumi della natura hanno effetti benefici sulla nostra salute [45, 46].

Una Guida Ambientale, nella scelta delle escursioni da offrire, dovrebbe quindi tener conto anche di questi fenomeni. La scelta di determinati percorsi, come ad esempio quelli che attraversano zone di fioritura come boschi di ciliegi[10], o campi di lavanda[11] in fiore), può, come si è visto, determinare sensazioni positive nei partecipanti, stimolando la concentrazione e facilitando i processi cognitivi. Questo dovrebbe far riflettere anche sul fatto che il fumo di sigaretta proprio o di altri partecipanti all'escursione può trasformare quella che sarebbe un'esperienza piacevole e salutare e in un'esperienza spiacevole e anche un po' stressante.

---

mano che si sale nell'albero filogenetico come le emozioni (https://it.wi-kipedia.org/wiki/Sistema_limbico).

[9] Prodotti ottenuti per estrazione a partire da materiale vegetale aromatico, ricco cioè in "essenze" che vengono prodotte dalle piante per molteplici funzioni quali allopatiche, antibiotiche e di attrazione degli impollinatori (https://it.wikipedia.org/wiki/Olio_essenziale).

[10] L'esperienza più tipica, a livello mondiale, è senz'altro l'"*Hanami*" giapponese (letterale "guardare i fiori") e anche in Italia questa "pratica", se pur in maniera non ancora estesa, si sta diffondendo nel panorama delle escursioni.

[11] In questo caso l'esperienza più tipica è in Provenza, Francia, lungo la "*Route de la lavande*"; anche in questo caso nel nostro Paese si stanno iniziando a proporre escursioni sul tema.

1.4 IL GUSTO E I SAPORI DELLA TERRA

Il gusto è un senso molto specifico e per lo più associato al cibo. Tutti dobbiamo mangiare e, durante un'escursione giornaliera, la Guida Ambientale saprà trovare il momento giusto per consumare il pasto. Ma questa potrebbe non essere l'unica occasione in cui il gusto entra a far parte dell'escursione. Camminando nel verde è molto comune imbattersi in bacche, frutti, funghi, erbe e radici commestibili. La Guida Ambientale può quindi far apprezzare ai partecipanti questi sapori che risveglieranno negli stessi delle emozioni: vari studi hanno infatti dimostrato che esistono legami profondi tra i sapori e le emozioni stesse [47, 48].

Poiché è fondamentale per la nostra sopravvivenza, il gusto è un senso che ha implicazioni palesi per la nostra salute; la Guida Ambientale, come educatore ambientale, deve tenerlo presente, fornendo consigli utili e salutari. È un dato di fatto che molte malattie croniche e tanti problemi di salute dipendono in tutto o in parte dall'alimentazione. Alimentazione che oggi si basa spesso su cibi non più genuini e ricchi di sostanze non benefiche[12]. E questo rappresenta una grave minaccia per la salute [49].

Il gusto è l'unico senso regolato da meccanismi di "ricompensa/avversione"; in particolare, i sapori dolci sono gratificanti, mentre quelli amari sono repulsivi. Questo è importante perché tramite il gusto dovremmo poter identificare

---

[12] Additivi e conservanti usati per i cibi aumentano la sedentarietà: uno studio recente mostra che i fosfati presenti in moltissimi cibi, specie quelli confezionati, riducono la capacità di movimento in animali (topi) impoverendo i muscoli di energia e che un eccesso di fosfati nel sangue è associato a sedentarietà [53].

cosa è sicuro da mangiare e cosa no. In genere il sapore amaro è associato a sostanze tossiche che molte piante usano per scoraggiare le aggressioni. Pertanto uno dei compiti del gusto è quello di indicarci quali alimenti possiamo considerare sicuri e quali no.

I cibi naturali e quelli legati alla tradizione, cioè non prodotti in modo industriale, si sono dimostrati migliori nel preservare la salute psico-fisica delle persone. Ai giorni nostri gli alimenti biologici rappresentano di fatto l'alternativa naturale ad un'alimentazione scriteriata. Chi consuma cibi biologici, oltre a sentirsi meglio a fine pasto, può provare spesso buonumore oltre a sensazioni di conforto e di appartenenza alla tradizione [50, 51, 52].

Una ricerca norvegese ha dimostrato che coloro che seguono una dieta ricca di alimenti trasformati industrialmente manifestano livelli più elevati di ansia, mentre chi si ciba regolarmente di alimenti non industriali è meno soggetto a sindromi di tipo depressivo [54].

Sappiamo che la dieta ideale dovrebbe basarsi su alimenti di stagione e provenienti dai territori in cui si vive. Ovviamente questo implica che il cibo migliore da consumare è quello coltivato con le proprie mani, cosa che più di qualunque altra determina nell'essere umano un potente legame con la natura: un altro studio infatti ha mostrato che coloro che coltivano il proprio cibo sono in genere più felici di quelli che non lo fanno [55].

In base a tutte queste osservazioni, è lecito che la Guida Ambientale consigli alle persone di preferire, ai cibi industriali, gli alimenti biologici e naturali. Nel caso in cui sia necessario o previsto dal tipo di escursione consumare pasti presso esercizi di ristorazione, sarebbe bene prediligere quelli che offrono menù tradizionali, semplici e biologici. Ancor meglio indirizzare i partecipanti verso un'alimentazione vegetariana che si è dimostrata quella maggiormente salutare e che ricopre una notevole importanza dal punto di vista della sostenibilità ambientale [56] e quindi di impronta ecologica[13].

Sarà sicuramente interessante e istruttivo per i partecipanti assaggiare durante il cammino ciò che di commestibile si può incontrare. La Guida Ambientale può far conoscere e scoprire anche da questo punto di vista la natura, cosa che avrà certamente ricadute positive anche sulla salvaguardia della stessa. Il gusto permette alle persone di creare legami più profondi con la natura e questo può aiutare la Guida Ambientale in quello che è uno dei suoi compiti cioè far sì che la natura possa essere sempre più amata e rispettata dagli esseri umani.

---

[13] L'impronta ecologica è un indicatore utilizzato per valutare il consumo umano di risorse naturali rispetto alla capacità della Terra di rigenerarle (https://it.wikipedia.org/wiki/Impronta_ecologica); per chi volesse determinare la propria "impronta": https://www.wwf.ch/it/vivere-sostenibile/calcolatore-dell-impronta-ecologica.

1.5 IL TATTO E IL CONTATTO

Il tatto è il primo senso che si sviluppa in utero [57] e fino ad oggi è stato piuttosto trascurato nelle ricerche, nonostante sia fondamentale per creare legami, per rafforzare le relazioni sentimentali e per ridurre lo stress.

Diversi studi hanno dimostrato quanto sia importante, per lo sviluppo sano e armonico del bambino, il contatto con la madre fin dai suoi primi momenti di vita o, in assenza della madre, il contatto con altre figure in grado di surrogarla [58]. È stato riscontrato che non solo per gli esseri umani ma anche per le scimmie il contatto fisico è fondamentale e, in assenza di questo, si hanno gravi ripercussioni psicologico-comportamentali [59, 60].

Ultimamente si sta iniziando a dare più rilievo a questo aspetto sensoriale. Si tratta di esperienze in cui la Guida Ambientale si avvale della presenza di muli, asini, cavalli o altri animali domestici che, al di là di una funzione di supporto pratico (ad esempio, trasporto di materiali), rappresentano anche un'occasione di contatto tra i partecipanti e gli animali stessi, dando ai primi la possibilità di accarezzarli, di famigliarizzare con loro e di conoscerne la sensibilità e la vitalità[14].

La Guida Ambientale può quindi promuovere il contatto con animali, tenendo presente che non tutto si può toccare: nel caso di incontri fortuiti con cuccioli allo stato brado, è

---

[14] Ma non di cavalcarli però (per farlo occorre che la Guida Ambientale sia anche Guida Equestre).

fondamentale evitare di accarezzarli fino a che non si è assolutamente certi che non si tratti di orfani[15].

Si è visto che il contatto con gli animali determina degli effetti benefici sull'uomo, tra cui la riduzione della pressione sanguigna e dello stress. Sembra che la presenza degli animali domestici aumenti la tolleranza al dolore, riduca il senso di solitudine, lo stress e il senso di frustrazione che a volte caratterizzano la vita moderna, moderando così il ricorso alle cure mediche.

Si è rilevato sperimentalmente che accarezzare un cane oltre a ridurre la pressione sanguigna e il battito cardiaco [61] può ridurre lo stress e favorire una diminuzione del cortisolo salivare [62]. È dimostrato che qualunque sia il sentimento provato dalla persona verso l'animale che sta accarezzando (indifferenza o affetto) la pressione sanguigna si riduce lo stesso: è proprio l'atto di toccare che agisce [63].

Questi risultati valgono anche per gli animali diversi dai cani, come conigli, tartarughe, etc., mentre accarezzare un animale di peluche non produce gli stessi risultati [64]: è l'entrare in contatto con gli esseri viventi, indipendentemente dall'atteggiamento nei loro confronti, che evoca sentimenti positivi e riduce lo stress, il dolore e l'ansia [65].

---

[15] Esiste da alcuni anni la campagna di sensibilizzazione promossa dal settore dell'Attività Faunistica-Venatoria della Regione Toscana, campagna dal nome: "Se mi vuoi bene, non mi toccare" per tutelare i piccoli di alcune specie, quali cervi, daini e caprioli. Non è raro infatti trovare un cucciolo solo, tra la vegetazione, ma questo non significa affatto che sia stato abbandonato. Questi ungulati cercano infatti di mettere al sicuro i loro piccoli, nascondendoli nella vegetazione per difenderli dagli altri predatori, compreso l'uomo, per poi andare a procurarsi il cibo. Nel frattempo i cuccioli restano immobili e aspettano l'arrivo della mamma. Se l'uomo interferisce, li accarezza e li prende in braccio, la madre non li riconoscerà e non tornerà ad allattarli, condannandoli ad una tragica fine.

I pazienti con malattie cardiache, padroni di animali domestici, hanno mostrato un tasso di sopravvivenza più elevato rispetto agli altri [66] e i benefici maggiori sono stati riscontrati nei pazienti più gravi [67].

Ulteriori studi hanno verificato che le interazioni uomo-animale attivano il sistema ossitocinico[16] e determinano una riduzione dello stress ed effetti positivi a livello endocrino, psicofisico e sociale [68]; nell'uomo è stato riscontrato un incremento dell'ossitocina plasmatica in un tempo variabile fra i 5 e i 24 minuti di accarezzamento [69]. L'ossitocina di per sé favorisce l'interazione sociale [70], diminuisce lo stress [71], riduce la soglia del dolore, e sembra avere un'azione antinfiammatoria [72] oltre a favorire i processi digestivi [73].

Ma non è tutto: è stato riscontrato in un campione di giovani universitari che l'accudimento di cani ha determinato in loro un aumento delle *IgA*[17], anticorpi considerati indicatori della funzionalità del sistema immunitario [74].

Aldilà degli aspetti benefici che la natura esplica attraverso il contatto con gli animali, ve ne sono altri legati al contatto diretto con la terra, l'erba, l'acqua, il vento e con i mille altri elementi della natura. Su questi aspetti non esistono ancora ricerche ben focalizzate (è presente un gap significativo in letteratura, ma non mancano i primi interessanti studi a riguardo [75]).

---

[16] L'ossitocina, "l'ormone della socialità", riguarda i comportamenti affettivi, di attaccamento, di interpretazione delle espressioni facciali, di altruismo, fiducia, empatia.

[17] Le immunoglobuline A (*IgA*) sono un tipo di anticorpi, cioè molecole coinvolte nella risposta immunitaria dell'organismo umano. Sono sintetizzate dai linfociti B, e più precisamente dalle plasmacellule. Possono essere sintetizzate in forma sia monomerica che dimerica, e svolgono due importantissime funzioni: l'immunità a livello delle mucose e l'immunità neonatale (https://it.wikipedia.org/wiki/IgA).

A sostegno di questa ipotesi, è appurato che i bambini che frequentano le cosiddette *forest school*[18] dove giocano e studiano immersi nella natura, manifestano maggiori abilità fisiche e sociali, maggior sicurezza, maggiori abilità di linguaggio, di comunicazione, di concentrazione e di apprendimento rispetto ai loro coetanei che frequentano scuole con annesse aree giochi in ambiti urbanizzati [76, 77].

La Guida Ambientale quindi, oltre alle possibilità già elencate, potrebbe progettare escursioni sul tema dei percorsi tattili, favorendo, ad esempio, il contatto dei partecipanti con l'erba, con il muschio e con i licheni (per apprezzarne la morbidezza e delicatezza), con la corteccia degli alberi (per far riconoscere la differente rugosità fra le varie specie), con le foglie, per insegnare a identificare un albero da una sua foglia (ad esempio, riconoscere una foglia di olmo campestre dalla diversa sensazione di "pelo" e "contro-pelo" che si ha accarezzandola nei due sensi) o, ancora, in percorsi costieri, con le caratteristiche di questi ambienti[19].

---

[18] Le Forest School rappresentano un innovativo approccio educativo al gioco e all'apprendimento all'aperto; nascono negli anni '50 in Danimarca, e poco dopo si sviluppano anche in Svezia. Successivamente trovano spazio anche in Inghilterra e in Canada (http://fores-tschools.com/what-are-forest-schools/; https://en.wikipe-dia.org/wiki/Forest_school_(learning_style)).

[19] Relativamente alle zone costiere ed alle spiagge che si possono incontrare, sul tema dei benefici sull'organismo umano, famosa è la "*Sand Play Therapy*", o 'Terapia con il gioco della sabbia', metodo terapeutico analitico diffuso grazie a Dora Kalff (1904-1989), psicologa e allieva di C. Gustav Jung. L'idea è che la sabbia attivi le risorse creative dell'individuo, favorendo processi di guarigione [78].

2. Fenomeni Impercettibili

A i nostri giorni stanno emergendo prove di almeno tre ulteriori aspetti benefici delle "immersioni" nella natura, la spiegazione dei quali non sembra essere legata ad uno o all'altro dei sensi. In questa direzione, il fenomeno probabilmente più noto[20] e che analizzeremo per primo, è il "*forest bathing*" che, nel panorama mondiale del turismo ambientale, viene associato, più o meno coscientemente, all'azione benefica che la natura esercita, attraverso i fitoncidi, sulla salute degli esseri umani.

---

[20] Studi sul settore lo testimoniano: https://www.spafinder.com/blog/trends/2015-report/forest-bathing/. In Italia (https://d.repubblica.it/lifestyle/2017/07/24/news/forest_bathing_boschi_alberi_combattere_ansia_stress_benessere_salute-3609069/) ed anche nel resto del mondo i principali media se ne stanno occupando (*BBC*: https://www.bbc.co.uk/programmes/p06ltcxy, *New York Times*: https://www.nytimes.com/2018/07/12/well/take-a-walk-in-the-woods-doctors-orders.html, *Time*: http://time.com/5259602/japanese-forest-bathing/, *The Guardian*: https://www.theguardian.com/us-news/2018/aug/22/forest-bathing-california-shinrin-yoku-nature-therapy, *Le Monde*: https://www.lemonde.fr/m-perso/article/2018/04/22/le-bain-de-foret-comme-therapie_5288892_4497916.html).

Gli altri due fattori, e cioè gli anioni e i microorganismi del suolo, per quanto meno pubblicizzati, meritano anch'essi di essere conosciuti.

I suddetti aspetti ed i contenuti ad essi associati, vista l'enorme potenzialità che rivestono, anche dal punto di vista lavorativo, dovrebbero far parte del bagaglio di conoscenze della Guida Ambientale.

2.1 I FITONCIDI E IL FOREST BATHING

I fitoncidi, chimicamente detti monoterpeni o monoterpenoidi[21], sono composti organici volatili con azione antimicrobica[22] emessi dalle piante per difendersi dai batteri della decomposizione o dall'attacco degli erbivori, o come richiami per l'impollinazione. Sono piuttosto diffusi in natura, essendo prodotti da molte piante (ma anche da funghi, batteri e da alcuni insetti, seppur in quantità limitate) e sono i tipici componenti delle resine e degli oli essenziali. Volendo semplificare, possono essere considerati come oli volatili aromatici essenziali emessi da piante e alberi. Essi permeano l'aria negli ambienti naturali e sono direttamente inalati dai visitatori dei boschi e dei parchi[23].

Il Giappone sta investendo già da tempo nella ricerca sui fitoncidi poiché si ritiene che siano una componente importante dell'azione benefica che si manifesta attraverso le passeggiate nella natura [79] conosciute come "*shinrin-yoku*", o in inglese "*forest bathing*" (in italiano potremmo tradurlo come "immersione nei boschi" o "bagni in foresta"). La

---

[21] Sono molecole di origine organica che fanno parte della più grande famiglia dei terpeni (o terpenoidi). Il loro peso molecolare è abbastanza basso, il che contribuisce alla loro volatilità, ovvero alla tendenza a passare allo stato aeriforme o gassoso in ordinarie condizioni di pressione e temperatura dell'atmosfera (https://en.wikipedia.org/wiki/Monoterpene).

[22] Un antimicrobico è una sostanza chimica, naturale o di sintesi, che uccide i microorganismi, o ne inibisce la crescita. La sua attività dipende da parametri quali concentrazione e tipologia nel substrato, temperatura, pH, tipologia del microrganismo da combattere, oltre che dalla presenza di umidità e ossigeno.

[23] In natura si possono trovare vari tipi di fitoncidi emessi dagli alberi, come l'alpha-pinene, il beta-pinene, l'isoprene, il d-limonene, il cedrol, il tricyclene, il camphene.

grande diffusione di questa terapia si deve in parte alla pubblicazione di un'opera saggistica che è divenuta popolare a livello mondiale, Italia compresa [80], dal titolo *Shinrin-Yoku*, di Qing Li[24]. La ragione per cui questo libro ha suscitato tanto interesse sta nel fatto che sembra siano state dimostrate delle relazioni fra i fitoncidi e il sistema immunitario [81], e proprio nello studio e nelle applicazioni dell'immunologia, la medicina attuale sembra trovare nuove e importanti potenzialità e risposte[25]. Tutto ciò ha fatto sì che in questo Paese la terapia dell'immersione nei boschi sia riconosciuta e sovvenzionata dal Sistema Sanitario Nazionale e prescritta dai medici giapponesi già dal 1982.

Si è visto che i fitoncidi funzionano come antimicrobici anche nel corpo umano. Quando inalati aiutano ad aumentare il numero e l'attività di un tipo di globuli bianchi chiamati cellule *natural killer*[26] (NK), o linfociti NK [82, 83, 84, 85].

Oltre all'azione antimicrobica i fitoncidi hanno proprietà antiossidanti e antinfiammatorie e, in test sperimentali, hanno dimostrato di avere la capacità di ridurre i valori della pressione sanguigna [79, 86, 87]. Essi rappresentano pertanto una potenziale alternativa ad alcuni farmaci, in particolare a quelli per i pazienti cardiovascolari, visto che, a differenza di questi ultimi, non hanno effetti collaterali.

---

[24] Immunologo, fondatore e presidente della Società Giapponese per la Medicina Forestale; da quasi trent'anni si occupa di shinrin-yoku e dei suoi benefici.

[25] Basti pensare che proprio per l'anno in corso, il premio Nobel per la medicina è stato assegnato a J. P. Allison e T. Honjo per ricerche su questo settore dall'enorme potenziale (immunoterapia come cura per il cancro).

[26] https://it.wikipedia.org/wiki/Linfocita_NK.

Analisi effettuate su persone che hanno praticato lo *shin-rin-yoku* per almeno due ore al giorno per tre giorni di fila hanno evidenziato una significativa diminuzione dei livelli di adrenalina [84, 86] e di cortisolo [79], un miglioramento della qualità del sonno [89], ed è stato verificato che, finiti i tre giorni di "immersione nei boschi", l'effetto dei fitoncidi permane nel sistema immunitario per più di 7 giorni, in alcuni casi fino a 30 [84].

Lo *shinrin-yoku* ha dimostrato di avere ripercussioni positive non solo sull'attività delle cellule NK ma anche sull'umore dei soggetti testati con il metodo POMS (*profile of mood states*, scala di valutazione psicologica utilizzata per valutare gli stati d'animo delle persone[27]). Questo probabilmente anche perché l'esposizione ai fitoncidi diminuisce la tensione nervosa, l'ansia, la rabbia, l'animosità, la stanchezza e il senso di confusione [79, 83, 85, 86] e perché i "bagni nella foresta" favoriscono la capacità di rilassarsi [89], migliorano la concentrazione e la memoria a breve termine [90]. I fitoncidi possono inoltre aiutare i bambini affetti dal disturbo di attenzione e iperattività a concentrarsi meglio [91] e determinano una diminuzione significativa dei pensieri negativi [92] (nel senso di quell'attività chiamata in inglese "*rumination*", ovvero quel rimuginare continuamente pensieri disturbanti, figli dello stress e dell'ansia). Sono altresì in grado di apportare miglioramenti nelle persone affette da depressione [93], stimolando la creatività e il processo mentale del *problem-solving*[28] [94].

---

[27] Si veda https://en.wikipedia.org/wiki/Profile_of_mood_states.

[28] Locuzione inglese che può essere tradotta in italiano come "*risoluzione di un problema*", ossia l'individuazione delle tecniche e delle metodologie necessarie all'analisi di una situazione problematica allo scopo di individuare e mettere in atto la soluzione migliore (https://it.wikipedia.org/wiki/Problem_solving).

Attualmente, ulteriori ricerche effettuate in tutto il mondo stanno valutando in che misura l'esposizione alle foreste possa aiutare a prevenire certi tipi di tumore [95]. Vivere in aree boschive o frequentarle con una certa regolarità potrebbe quindi ridurre il rischio di mortalità precoce determinato da vari tipi di patologie molto diffuse nelle società occidentali.

Tenuto conto che:

- lo stress abbassa le difese immunitarie ed è causa di malattie[29],
- la vita in città, tipica della modernizzazione, sta allontanando sempre più l'uomo dalla natura[30],
- quasi l'80% delle persone che vivono in aree urbane non ha accesso ad alberi o a spazi verdi,

non è un caso che vi sia una domanda sempre crescente di esperienze nella natura[31].

---

[29] E si potrebbe aggiungere che il rischio che corre la medicina occidentale moderna è quello di trattare i sintomi dello stress ma non le cause.
[30] Come si può vedere da queste statistiche di *Nature*: https://www.nature.com/news/2010/101020/pdf/467900a.pdf; inoltre le foreste ricoprono ormai solo il 31% circa della superficie terrestre (come riporta questo report del WWF: https://www.wwf.it/?1661). Si può ulteriormente aggiungere che il disboscamento della superficie forestale continua ad aumentare per quanto il tasso annuo netto di perdite forestali negli ultimi anni sia diminuito: tra il 2010 e il 2015 esso è risultato pari alla metà di quello registrato negli anni '90 (https://www.sciencedirect.com/science/article/pii/S0378112715003400).
[31] Ciò appare evidente dai risultati annuali dell'Adventure TravelTrade Association (https://cdn.adventuretravel.biz/research/2018-Travel-Trends.pdf).

Pertanto, le escursioni naturalistiche che la Guida Ambientale può proporre possono divenire una sorta di "medicina naturale", un toccasana per la salute di chi vi partecipa.

2.2 GLI ANIONI, L'"ELETTRICITÀ NELL'ARIA"

Un altro fattore di cui la Guida Ambientale potrà tener conto nella scelta delle sue escursioni, è il livello di "elettricità nell'aria", cioè la concentrazione di ioni[32] positivi o negativi negli ambienti che si attraverseranno.

La ionizzazione dell'aria, nota ai più come elettricità dell'aria, è determinata da semplici processi naturali che agiscono sulle molecole che formano l'atmosfera. Essa può avvenire per cattura o perdita di una o più cariche elettriche elementari, o più frequentemente per scissione delle molecole in coppie di polarità opposta, generando così ioni negativi detti "anioni" e positivi, i "cationi".

Poiché si ritiene che l'elettricità dell'aria possa avere effetti benefici sulla salute fisica e psichica delle persone, fin dagli anni '60, su questo argomento, sono stati realizzati diversi studi [97, 98].

L'energia che determina la ionizzazione può provenire da varie fonti [96]: da vari tipi di radiazioni, quali i raggi cosmici, le onde elettromagnetiche solari, i raggi ultravioletti, oppure dal precipitare dell'acqua nelle cascate, o dallo scaricarsi dei fulmini durante i temporali, o per effetto del vento, o per azione di un moto ondoso piuttosto intenso.

L'aria ionizzata è particolarmente abbondante anche nelle foreste. La vegetazione influenza fortemente la concentrazione di ioni atmosferici; nelle aree boschive la concentrazione di ioni è superiore rispetto a quella che si può ritrovare

---

[32] Gli ioni sono entità molecolari elettricamente non neutre, ossia cariche positivamente o negativamente https://it.wikipedia.org/wiki/Ione.

nelle vallate prive di alberi . Questo perché le piante producono direttamente ioni atmosferici dalle loro fronde [101].

Recenti indagini hanno rilevato che i più alti livelli di ioni atmosferici si trovano nelle zone montane, seguite dalle zone rurali e costiere, che ne presentano quantità più moderate, mentre nei siti urbani se ne registrano i valori più bassi [102], a parte rare eccezioni[33].

È noto che gli ioni dell'aria uccidono i batteri [104, 105], aumentano il tasso di crescita di piante e insetti e causano cambiamenti fisiologici e comportamentali negli esseri umani e negli altri animali [106, 107, 108].

Si è visto che un'alta concentrazione di ioni negativi è in grado di ridurre l'ansia, migliorare il tono dell'umore e la capacità di concentrazione [110], tanto che sono stati usati come trattamento per chi soffre di disturbi stagionali [111, 112] e per la depressione.

Studi sperimentali sui topi hanno evidenziato che gli ioni negativi dell'aria aumentano l'attività delle cellule NK determinando una riduzione dell'incidenza di tumori e inibendo la crescita delle cellule tumorali [114].

Tenuto conto del fatto che le popolazioni urbanizzate dell'occidente trascorrono circa il 90% del loro tempo in spazi urbani confinati[34], dove l'azione benefica degli anioni[35]

---

[33] A Zhongxiang, una città della Cina nota per la longevità di chi vi abita, sono stati rilevati permanentemente alti livelli di ioni negativi [115]; questo può essere un altro dato suggestivo della potenziale azione benefica degli ioni negativi sulla salute dell'essere umano.

[34] Da una report del Governo degli Stati Uniti d'America (https://indoor.lbl.gov/sites/all/files/lbnl-47713.pdf).

[35] Dagli studi appare evidente che gli anioni, ossia gli ioni negativi, sono i responsabili degli effetti benefici della ionizzazione; questo non vale per

non si può manifestare, data la loro bassa concentrazione nell'aria, è evidente come il trascorrere tempo immersi nella natura sia un fatto di estrema importanza.

Pertanto la Guida Ambientale, volendo utilizzare questa ulteriore risorsa che la natura ci offre, potrà scegliere, ove possibile, percorsi in cui l'azione benefica degli anioni possa esplicarsi al massimo. In particolare, percorsi che costeggiano cascate o che corrono al di sopra di scogliere con importante movimento ondoso, o zone boschive o montane, meglio se esposte all'azione dei venti (tutto ciò che è movimento e sfregamento crea ionizzazione) come crinali, valichi o passi.

i cationi, gli ioni positivi: circa un terzo della popolazione è sensibile agli ioni dell'aria nel senso che risponde al cambiamento della concentrazione di ioni positivi che precede certi venti caldi e secchi mostrando stanchezza e problemi respiratori proprio quando dei venti dall'alta concentrazione di ioni positivi portano con sé basse concentrazioni di ioni negativi [109].

2.3 I MICROORGANISMI DEL SUOLO E DELL'INTESTINO

Un ultimo fattore, forse il più trascurato, ma non per questo meno importante, è legato ai microrganismi con cui si viene in contatto durante le esperienze nei luoghi naturali. Microorganismi che possono essere introdotti nel nostro apparato digerente direttamente dall'ambiente o durante il consumo dei pasti; alcuni di questi infatti formano la flora batterica intestinale che è essenziale per la sopravvivenza di ogni essere umano.

Gli esseri umani co-evolvono da sempre con i microorganismi in relazione simbiotica[36] [116, 117, 118, 120]. Ad esempio, i batteri saprofiti[37] che fanno parte del nostro intestino derivano dall'ambiente naturale e senza di essi nessuno di noi potrebbe sopravvivere in quanto producono vitamine e altre sostanze che l'essere umano non è in grado di sintetizzare da solo ma di cui ha necessità. È stato riscontrato che l'esposizione ripetuta a questi microrganismi è necessaria per mantenere la diversità del microbiota[38] intestinale [119].

---

[36] Sorta di interazione piuttosto intima, di lungo termine, fra due o più organismi
(https://it.wikipedia.org/wiki/Simbiosi).

[37] Organismi che utilizzano come nutrimento le sostanze organiche in decomposizione
(https://it.wikipedia.org/wiki/Saprofita)

[38] Il microbiota è l'insieme di microorganismi simbiotici, ossia che vivono un rapporto con altri organismi viventi e che possono trarre oppure no reciproco vantaggio della vita in comune; nel caso di microbiota umano, si intendono quindi i microrganismi che convivono con l'organismo umano senza danneggiarlo
(https://it.wikipedia.org/wiki/Microbiota_umano).

L'intestino umano contiene 100 trilioni di batteri che sono 10-100 volte più numerosi delle cellule del corpo umano [120, 121]. Questi batteri, in forma vegetativa o di spore, sono da sempre presenti nel suolo, nell'acqua, nell'aria, e hanno origine dalle feci degli animali e degli esseri umani [117, 119]. Il microbiota intestinale, costituito da batteri anaerobi, virus, protozoi, archeobatteri[39] e miceti [120] è anche molto importante per la funzione del sistema nervoso centrale [122, 123, 124].

Questi organismi hanno un ruolo importante nell'immunoregolazione del corpo umano e la loro assenza porta a alterazioni immunologiche con effetti, oltre che sul piano fisico, anche sul comportamento e sulle emozioni [117, 137, 126]. La flora batterica è anche coinvolta nello sviluppo di altri sistemi di organi oltre all'intestino, come il cervello e le ossa [127]. In alcuni studi si è visto che nelle cavie private di microbiota si sono manifestate alterazioni biochimiche del cervello [122, 124].

L'aumento del tempo trascorso in ambienti chiusi e la loro esagerata sanificazione hanno fatto sì che le persone siano esposte sempre meno a questi microrganismi rispetto a prima, con le conseguenze che questo comporta. È stato suggerito che molte delle malattie croniche della nostra società evoluta derivano dalla riduzione nell'ambiente dei microorganismi con cui gli uomini coesistono da sempre [117, 125].

Le popolazioni urbane sono maggiormente soggette a disturbi dell'umore e a stati d'ansia rispetto alle popolazioni rurali [128]. Nei paesi ad alto reddito il tasso di disturbi infiammatori cronici risulta più elevato [129] e, ancora, nelle aree ad alto reddito e in quelle urbane, le malattie infiammatorie

---

[39]Gli archeobatteri o Archaea sono una suddivisione sistematica della vita cellulare (https://it.wikipedia.org/wiki/Archaea).

croniche e i disturbi psichiatrici sono più comuni rispetto alle zone a basso reddito e rurali [130]. Uno studio ha rilevato che la popolazione italiana ha una flora batterica intestinale alquanto diversa da quella degli abitanti del Burkina Faso [131], e il microbiota cutaneo della popolazione rurale della Finlandia è più vario di quello della popolazione urbana [126]. La diversità microbica dell'intestino è risultata più alta negli amerindi amazzonici, poi nei malawiani e infine più bassa negli statunitensi [132]. Alcune ricerche hanno dimostrato che la popolazione giovanile delle zone rurali ha una minore incidenza di asma rispetto alla popolazione giovanile urbana [133].

Nel complesso, si può affermare che esiste un forte legame tra la biodiversità intestinale e la salute mentale e fisica.

Alcune ricerche hanno dimostrato che un batterio, il *Mycobacterium vaccae* (*M. vaccae*), può regolare l'affettività e la funzione cognitiva dei pazienti oncologici [134], e indurre la produzione di cellule *T-reg* [40], che sono regolatrici dell'autoimmunità e pertanto delle risposte infiammatorie [117]. Il *M. vaccae* è presente nell'acqua, nel suolo e sulla vegetazione. In quanto aerobio[41], non colonizza il tratto intestinale ed è considerato transitorio [135]. Si ritiene che il *M. vaccae* modifichi i livelli di serotonina, esercitando un'azione positiva sull'apprendimento[42] e sul tono dell'umore [136].

---

[40] Le cellule *T-reg* o T-regolatorie hanno la capacità di sopprimere con grande efficacia risposte immunitarie contro specifici antigeni e rivestono pertanto un grande interesse per le possibili applicazioni nella terapia delle malattie autoimmuni (https://en.wikipedia.org/wiki/Regulatory_T_cell).

[41] Organismi il cui metabolismo è basato sull'utilizzo di ossigeno biatomico O_2 (https://it.wikipedia.org/wiki/Aerobiosi).

[42] Ricerche effettuate sulle cavie da laboratorio hanno evidenziato che la loro esposizione all'*M. Vaccae* ha prodotto una riduzione del tempo di uscita dal labirinto e dello stato d'ansia [137].

Per quanto sopra riportato, risulta evidente che anche i microrganismi saprofiti e simbionti che incontriamo negli ambienti naturali rappresentano un fenomeno attraverso cui la natura può donarci i suoi benefici. Eppure, per quanto studiato e analizzato nelle varie ricerche, la letteratura scientifica sembra non dare la giusta importanza alla relazione che unisce i microrganismi allo stato di salute degli esseri umani. E, probabilmente, i vantaggi psico-fisici che comporta il vivere nel verde sono proprio dovuti ai microorganismi dell'aria, del suolo e dell'acqua a cui siamo esposti e che ingeriamo [138, 139].

La funzione della Guida Ambientale si arricchisce così di un'ulteriore consapevolezza e di una nuova opportunità da promuovere per il benessere dei partecipanti alle escursioni, in particolare per quelle esperienze lontane dai centri urbani.

Conclusioni

Attraverso la vista, l'udito, l'olfatto, il tatto e il gusto, così come attraverso i fenomeni non percettibili, la natura favorisce il benessere delle persone che vengono condotte nei contesti in cui essa può esprimere tutto il suo potenziale benefico.

Da quanto sopra esposto è evidente che, nelle esperienze nel verde, il benessere si può ricercare attraverso una semplice azione di "ricezione/assimilazione passiva" o mediante una "ricerca attiva". Sulla "ricezione/assimilazione passiva" sembra esserci più letteratura in materia; non solo, ma gran parte delle ricerche scientifiche sembrano non prendere in considerazione le diversità fra queste due possibilità. Nella ricerca attiva è compresa quella parte di lavoro volto alla riscoperta delle tradizioni rurali e campestri. Nella memoria dei nostri nonni sono racchiuse conoscenze che rischiano di andare perse se non vengono recuperate da coloro che, come la Guida Ambientale, ha fatto dell'amore per la natura, della sua conservazione e della conoscenza dei suoi doni una ragione della sua vita.

Tutti sappiamo che occorre preservare e difendere la natura. Secondo gli esperti[43] ci restano solo due generazioni per salvare il pianeta. Nel suo piccolo, anche la Guida Ambientale può contribuire illustrando, ad esempio, i fenomeni qui trattati. Un approccio di questo tipo aiuta a porre la natura sotto un nuovo punto di vista: conoscendone gli effetti benefici, le persone saranno più motivate ad amarla e tutelarla.

Ulteriori studi e ricerche sui temi qui affrontati possono contribuire e favorire questo sentimento di vicinanza. Per questo, i Ministeri della Salute dei vari Governi così come le Organizzazioni Non Governative mondiali, dovrebbero favorire soluzioni a riguardo (come già abbiamo visto che avviene in Giappone) favorendo l'instaurarsi di comportamenti virtuosi, ma soprattutto informando ed educando la popolazione, impegnandosi, insomma, in modo molto più serio e concreto rispetto a oggi. Potrebbe essere una buona idea, per esempio, inserire nelle scuole un'ora di Educazione Ambientale obbligatoria[44].

Il contatto con la Guida Ambientale, pertanto, può diventare un'occasione, per le persone, per trasformare le loro abitudini in modo che possano dedicarsi ad una vita più attiva, migliorare la propria alimentazione e ritornare ad apprezzare gli spazi aperti e la natura. Un incontro di questo tipo permette alla guida di trasformarsi in un vero e proprio Educatore Ambientale.

---

[43] Notizia che proviene da un pre-vertice mondiale sulla salute della Terra svoltosi a Roma dal 3 al 5 dicembre 2018 (https://ufficio-stampa.iss.it/?p=1485).

[44] Sono anni che dal Ministero dell'Istruzione si parla di elaborare un Piano Nazionale per l'Educazione Ambientale nelle scuole italiane di ogni ordine e grado per sensibilizzare bambini e ragazzi, fin da giovanissimi, su temi come la sostenibilità ambientale e la qualità dello sviluppo, in un'ottica di cittadinanza attiva, ma, ad oggi, ancora nulla è stato concretamente reso operativo.

In conclusione, la Guida Ambientale ha la possibilità/dovere e l'opportunità di favorire, durante le escursioni e le esperienze in natura, un'apertura all'universo della multisensorialità; al resto ci penserà la natura con tutti i suoi processi straordinari.

BIBLIOGRAFIA

1. Hartig, T.; Mitchell, R.; de Vries, S.; Frumkin, H. Nature and health. *Ann. Rev. Public Health* **2014**, *35*, 207–228.
2. Shanahan, D.F.; Fuller, R.A.; Bush, R.; Lin, B.B.; Gaston, K.J. The health benefits of urban nature: How much do we need? *Bio-Science* **2015**, *65*, 476–485.
3. Franco L. S., Danielle F., Fuller S. and R.. *A Review of the Benefits of Nature Experiences: More Than Meets the Eye* Int. J. Environ. Res. Public Health **2017**, 14(8), 864.
4. Thompson, C.W. Linking landscape and health: The recurring theme. *Landsc. Urban Plan.* **2011**, *99*, 187–195.
5. Montford, A. *Health, Sickness, and the Friars in the Thirteenth and Fourteenth Centuries*; Ashgate: Aldershot, UK, 2004.
6. Olmstead, F.L. *Notes on the Plan of Franklin Park and Related Matters*; City of Boston Board of Commissioners of the Department of Parks: Boston, MA, USA, 1886.
7. Bowler, D.E.; Buyung-Ali, L.M.; Knight, T.M.; Pullin, A.S. A systematic review of evidence for the added benefits to health of exposure to natural environments. *BMC Public Health* **2010**, *10*, 456.
8. Pearson, D.G.; Craig, T. The great outdoors? Exploring the mental health benefits of natural environments. *Front. Psychol.* **2014**, *5*, 1178.
9. Hunter, M.; Eickhoff, S.; Pheasant, R.; Douglas, M.; Watts, G.; Farrow, T. The state of tranquility: Subjective perception is shaped by contextual modulation of auditory connectivity. *Neuroimage* **2010**, *53*, 611–618.

1. FENOMENI PERCETTIBILI

1.1 LA VISTA E L'AMBIENTE NATURALE

10. Velarde, M.; Fry, G.; Tveit, M. Health effects of viewing landsca-pes—Landscape types in environmental psychology. *Urban For. Urban Green.* **2007**, *6*, 199–212.
11. Ulrich, R. Visual landscapes and psychological well-being. *Landsc. Res.* **1979**, *4*, 17–23.
12. Moore, E. A prison environment's effect on health care service de-mands. *J. Environ. Syst.* **1981**, *11*, 17–34.
13. Ulrich, R. View through a window may influence recovery from surgery. *Science* **1984**, *224*, 420–421.
14. Laumann, K.; Garling, T.; Stormark, K. Rating scale measures of re-storative components of environments. *J. Environ. Psychol.* **2001**, *21*, 31–44.
15. Tennessen, C.; Cimprich, B. Views to nature: Effects on attention. *J. Environ. Psychol.* **1995**, *15*, 77–85.
16. Ulrich, R. Health benefits of gardens in hospitals. In Proceedings of the Plants for People International Symposium, Floridae, The Ne-therlands, 2002.
17. Guilford, J.; Smith, P. A system of color preferences. *Am. J. Psychol.* **1959**, *72*, 487–502.
18. Jacobs, K.; Suess, J. Effects of four psychological primary colors on anxiety state. *Percept. Motor Skills* **1975**, *41*, 207–210.
19. Frank, O.; Gilovich, T. The dark side of self- and social perception: Black uniforms and aggression in professional sports. *J. Personal. Soc. Psychol.* **1988**, *54*, 74–85.
20. Berman, M.; Hout, M.; Kardan, O.; Hunter, M.; Yourganov, G.; Henderson, J. The perception of naturalness correlates with low-le-vel visual features of environmental scenes. *PLoS ONE* **2014**, *9*, e114572.
21. Kardan, O.; Demiralp, E.; Hout, M.C.; Hunter, M.R.; Karimi, H.; Hanayik, T.; Yourganov, G.; Jonides, J.; Berman, M.G. Is the prefe-rence of natural versus man-made scenes driven by bottom-up pro-cessing of the visual features of nature? *Front. Psychol.* **2015**, *6*, 471.
22. Aks, D.; Sprott, J. Quantifying aesthetic preference for chaotic pat-terns. *Empir. Stud. Arts* **1996**, *14*, 1–16.
23. Bishop, I.; Rohrmann, B. Subjective responses to simulated and real environments: A comparison. *Landsc. Urban Plan.* **2003**, *65*, 261–277.

1.2 L'UDITO E I SUONI DELLA NATURA

24. National Park Service. *National Park Service Management Policies*; US Government Printing Office: Washington, DC, USA, 2006.
25. Gidlof-Gunnarsson, A.; Ohstrom, E. Noise and well-being in urban residential environments: The potential role of perceived availability to nearby green areas. *Landsc. Urban Plan.* **2007**, *83*, 115–126.
26. Halfpenny, E. Pro-environmental behaviors and park visitors: The effect of place attachment. *J. Environ. Psychol.* **2010**, *30*, 409–421.
27. Halfpenny, E. Pro-environmental behaviors and park visitors: The effect of place attachment. *J. Environ. Psychol.* **2010**, *30*, 409–421.
28. Payne, S.R. The production of a perceived restorativeness soundscape scale. *Appl. Acoust.* **2013**, *74*, 255–263.
29. Bird, W. Natural Thinking: Investigating the Links between the Natural Environment, Biodiversity and Mental Health. (https://www.rspb.org.uk/Images/naturalthinking_tcm9-161856.pdf)
30. Alvarsson, J.; Wien, S.; Nilsson, M. Stress recovery during exposure to nature sound and environmental noise. *Int. J. Environ. Res. Public Health* **2010**, *7*, 1036–1046.
31. Ratcliffe, E.; Gatersleben, B.; Sowden, P.T. Bird sounds and their contributions to perceived attention restoration and stress recovery. *J. Environ. Psychol.* **2013**, *36*, 221–228.
32. Annerstedt, M.; Jonsson, P.; Wallergard, M.; Johansson, G.; Karlson, B.; Grahn, P.; Hansen, A.M.; Wahrborg, P. Inducing physiological stress recovery with sounds of nature in a virtual reality forest—Results from a pilot study. *Physiol. Behav.* **2013**, *118*, 240–250.
33. Carles, J.L.; Lopez Barrio, I.; de Lucio, J.V. Sound influence on landscape values. *Landsc. Urban Plan.* **1999**, *43*, 191–200.
34. De Coensel, B.; Vanwetswinkel, S.; Botteldooren, D. Effects of natural sounds on the perception of road traffic noise. *J. Acoust. Soc. Am.* **2011**, *129*, EL148–EL153.
35. Bolund, P.; Hunhammar, S. Ecosystem services in urban areas. *Ecol. Econ.* **1999**, *29*, 293–301.

1.3 L'OLFATTO E GLI ODORI NEL VERDE

36. Weber, S.T.; Heuberger, E. The impact of natural odors on affective states in humans. *Chem. Sens.* **2008**, *33*, 441–447.
37. Lorig, T.S.; Herman, K.; Schwartz, G.; Cain, W. EEG activity during administration of low-concentration odors. *Bull. Psychon. Soc.* **1990**, *28*, 405–408.
38. Schloss, K.B.; Goldberger, C.S.; Palmer, S.E.; Levitan, C.A. What's that smell? An ecological approach to understanding preferences for familiar odors. *Perception***2015**, *44*, 23–38.
39. Todrank, J.; Byrnes, D.; Wrzesniewski, A.; Rozin, P. Odors can change preferences for people in photographs: A cross-modal eva- luative conditioning study with olfactory USs and visual CSs. *Learn. Motiv.* **1995**, *26*, 116–140.
40. Baron, R.A. The sweet smell of... helping: Effects of pleasant am- bient fragrance on prosocial behavior in shopping malls. *Personal. Soc. Psychol. Bull.* **1997**, *23*, 498–503.
41. Baron, R.A.; Thomsley, J. A whiff of reality: Positive affect as a po- tential mediator of the effects of pleasant fragrances on task perfor- mance and helping. *Environ. Behav.***1994**, *26*, 766–784.
42. Warm, J.S.; Dember, W.N.; Parasuraman, R. Effects of olfactory sti- mulation on performance and stress. *J. Soc. Cosmet. Chem.* **1991**, *42*, 199–210.
43. Smith, D.G.; Standing, L.; De Man, A. Verbal memory elicited by ambient odor. *Percept. Motor Skills* **1992**, *74*, 339–343.
44. Zald, D.; Pardo, J. Functional neuroimaging of the olfactory system in humans. *Int. J. Psychophysiol.* **2000**, *36*, 165–181.
45. Haze, S.; Sakai, K.; Gozu, Y. Effects of fragrance inhalation on sym- pathetic activation in normal adults. *Jpn. J. Pharmacol.* **2002**, *90*, 247–253.
46. Kawakami, K.; Kawamoto, M.; Nomura, M.; Otani, H.; Nabika, T.; Gonda, T. Effects of fitoncidi on blood pressure under restraint stress in SHRSP. *Clin. Exp. Pharmacol. Physiol.* **2004**, *31*, S27–S28.

1.4 Il gusto e i sapori della terra

47. Rolls, E. Functions of the orbitofrontal and pregenual cingulate cortex in taste, olfaction, appetite and emotion. *Acta Physiol. Hung.* **2008**, *95*, 131–164.
48. Yamamoto, T. Central mechanisms of taste: Cognition, emotion and taste-elicited behaviors. *Jpn. Dent. Sci. Rev.* **2008**, *44*, 91–99.
49. Cordain, L.; Eaton, S.B.; Sebastian, A.; Mann, N.; Lindeberg, S.; Watkins, B.A.; O'Keefe, J.H.; Brand-Miller, J. Origins and evolution of the Western diet: Health implications for the 21st century. *Am. J. Clin. Nutr.* **2005**, *81*, 341–354.
50. Lockie, S.; Lyons, K.; Lawrence, G.; Grice, J. Choosing organics: A path analysis of factors underlying the selection of organic food among Australian consumers. *Appetite* **2004**, *43*, 135–146.
51. Hughner, R.S.; McDonagh, P.; Prothero, A.; Schultz, C.J.; Stanton, J. Who are organic food consumers? A compilation and review of why people purchase organic food. *J. Consum. Behav.* **2007**, *6*, 94.
52. Puska P., Kurki S., Lähdesmäki M., Siltaoja M., Luomala H.; Sweet taste of prosocial status signaling: When eating organic foods makes you happy and hopeful. **2018**, Elsevier, Appetite. 2018 Feb 1;121:348-359.
53. Mizuno M., Mitchell J. H., Crawford S., Vongpatanasin W.; High Dietary Phosphate Intake Induces Hypertension and Augments Exercise Pressor Reflex Function in Rats; **2016**, AJP Regulatory Integrative and Comparative Physiology 311(1), 00124.2016
54. Jacka, F.N.; Mykletun, A.; Berk, M.; Bjelland, I.; Tell, G.S. The association between habitual diet quality and the common mental disorders in community-dwelling adults: The Hordaland health study. *Psychosom. Med.* **2011**, *73*, 483–490.
55. Church, A.; Mitchell, R.; Ravenscroft, N.; Stapleton, L. 'Growing your own': A multi-level modelling approach to understanding personal food growing trends and motivations in Europe. *Ecol. Econ.* **2015**, *110*, 71–80.
56. A. Rosi, P. Mena, N. Pellegrini, S. Turroni, E. Neviani, I. Ferrocino, R. Di Cagno, L. Ruini, R. Ciati, D. Angelino, J. Maddock, M. Gobbetti, F. Brighenti, D. Del Rio, F. Scazzina; Environmental impact of omnivorous, ovo-lacto-vegetarian, and vegan diet, *Nature*, Scientific Reports, volume 7, Article number: 6105 (Published: 21 July 2017)

1.5 IL TATTO E IL CONTATTO

57. Dijk, E.; Nijholt, A.; van Erp, J.B.; Kuyper, E.; van Wolferen, G. Audio-tactile stimuli to improve health and well-being: A preliminary position paper. In Proceedings of the Symposium on Haptic and Audio-Visual Stimuli: Enhancing Experiences and Interaction, Amsterdam, The Netherlands, 7 July 2010.
58. Mörelius E., Örtenstrand A., Theodorsson E., Frostell A.; 1. Early maternal contact has an impact on preterm infants' brain systems that manage stress; *Nurs Child Young People.* **2016** May 9;28(4):62-3.
59. Harlow, H. The heterosexual affectional system in monkeys. *Am. Psychol.* **1962**, *16*, 1–19.
60. Harlow, H.; Zimmerman, R. Affectional responses in the infant monkey. *Science* **1959**, *130*, 421–432.
61. Wilson, C. Physiological responses of college students to a pet. *J. Nerv. Ment. Dis.***1987**, *175*, 606–612.
62. Barker, S.; Knisley, J.; McCain, N.; Best, A. Measuring stress and immune responses in health care professionals following interaction with a therapy dog: A pilot study. *Psychol. Rep.* **2005**, *96*, 713–729.
63. Vormbrock, J.K.; Grossberg, J.M. Cardiovascular effects of human-pet dog interactions. *J. Behav. Med.* **1988**, *11*, 509–517.
64. Shiloh, S.; Sorek, G.; Terkel, J. Reduction of state-anxiety by petting animals in a controlled laboratory experiment. *Anxiety Stress Coping Int. J.* **2003**, *16*, 387–395.
65. Spence, J.; Olson, M. Quantitative research on therapeutic touch—An integrative review of the literature 1985–1995. *Scand. J.Caring Sci.* **1997**, *11*, 183–190.
66. Friedmann, E.; Katcher, A.; Lynch, J.; Thomas, S. Animal companions and one year survival after discharge from a coronary care unit. *Public Health Rep.* **1980**, *95*, 307–312.
67. Friedmann, E.; Thomas, S. Health benefits of pets for families. *Marriage Fam. Rev.***1985**, *8*, 3–4.
68. Beetz, A.; Uvnas-Moberg, K.; Julius, H.; Kotrschal, K. Psychosocial and psychophysiological effects of human-animal interactions: The possible role of oxytocin. *Front. Psychol.* **2012**, *3*, 1–15.
69. Odendaal, J.; Meintjes, R. Neurophysiological correlates of affiliative behavior between humans and dogs. *Vet. J.* **2003**, *165*, 296–301.

70. Ditzen, B.; Schaer, M.; Gabriel, B.; Bodenmann, G.; Ehlert, U.; Heinrichs, M. Intranasal oxytocin increases positive communication and reduces cortisol levels during couple conflict. *Biol. Psychiatry* **2009**, *65*, 728–731.

71. Legros, J.; Chiodera, P.; Geenen, V. Inhibitory action of exogenous oxytocin on plasma cortisol in normal human subejcts: Evidence of action at the adrenal gland. *Neuroendocrinology* **1988**, *48*, 204–206.

72. Petersson, M.; Alster, P.; Lundeberg, T.; Uvnas-Moberg, K. Oxytocin increases nociceptive thresholds in a long-term perspective in female and male rats. *Neurosci. Lett.* **1996**, *212*, 87–90.

73. Widstrom, A.; Winberg, J.; Werner, S.; Svensson, K.; Poloncec, B.; Uvnas-Moberg, K. Breast feeding-induced effects on plasma gastrin and somatostatin levels and their correlation with mild yield in lactating females. *Early Hum. Dev.* **1988**, *16*, 293–301.

74. Charnetski, C.; Riggers, S.; Brennan, F. Effect of petting a dog on immune system function. *Psychol. Rep.* **2004**, *95*, 1087–1091.

75. Koga and Iwasaki, Psychological and physiological effect in humans of touching plant foliage - using the semantic differential method and cerebral activity as indicators, *Journal of Physiological Anthropology* 2013, 32:7.

76. O'Brien, L.; Burls, A.; Brensten, P.; Hilmo, I.; Holter, K.; Haberling, D.; Pirnat, J.; Sarv, M.; Vilbaste, K.; McLoughlin, J. Outdoor education, life long learning and skills development in woodlands and green spaces: The potential links to health and well-being. In *Forests, Trees and Human Health*; Springer: Amsterdam, The Netherlands, 2011; pp. 343–372.

77. O'Brien, L.; Murray, R. Forest school and its impact on young children: Case studies in Britain. *Urban For. Urban Green.* **2007**, *6*, 249–265.

78. Kalff D.M., *Sandplay: A Psychotherapeutic Approach to the Psyche* , 2003.

2. FENOMENI IMPERCETTIBILI

2.1 I FITONCIDI E IL FOREST BATHING

79. Park BJ1, Tsunetsugu Y, Kasetani T, Kagawa T, Miyazaki Y.; The physiological effects of Shinrin-yoku (taking in the forest atmosphere or forest bathing): evidence from field experiments in 24 forests across Japan, *Environ Health Prev Med,* 2010 Jan;15(1):18-26.
80. Li, Q.; Shinrin-Youku – *Immergersi nei boschi,* Rizzoli Ed. 2018.
81. Li, Q.; Effect of forest bathing trips on human immune function; *Environ Health Prev Med.* 2010 Jan; 15(1): 9–17.
82. Li, Q.; Nakadai, A.; Matshushima, H.; Miyazaki, Y.; Krensky, A.; Kawada, T. Phytoncides (wood essential oils) induce human natural killer cell activity. *Immunopharmacol. Immunotoxicol.* **2006**, *28,* 319–333.
83. Li, Q.; Morimoto, K.; Nakadai, A.; Inagaki, H.; Katsumata, M.; Shimizu, T.; Forest bathing enhances human natural killer activity and expression of anti-cancer proteins. *Int. J. Immunopathol. Pharmacol.* **2007**, *20,* 3–8.
84. Li, Q.; Morimoto, K.; Kobayashi, M.; Inagaki, H.; Katsumata, M.; Hirata, Y.; Visiting a forest, but not a city, increases human natural killer activity and expression of anti-cancer proteins. *Int. J. Immunopathol. Pharmacol.* **2008**, *21,* 117–128.
85. Li, Q.; Morimoto, K.; Kobayashi, M.; Inagaki, H.; Katsumata, M.; Hirata, Y.; A forest bathing trip increases human natural killer activity and expression of anti-cancer proteins in female subjects. *J. Biol. Regul. Homeost. Agents* **2008**, *22,* 45–55.
86. Li Q., Kobayashi M., Kumeda S., Ochiai T., Miura T., Kagawa T., Imai M., Wang Z., Otsuka T., Kawada T.; Effects of Forest Bathing on Cardiovascular and Metabolic Parameters in Middle-Aged Males; Evid Based Complement Alternat Med. 2016; **2016** : 2587381.
87. Kawakami K1, Kawamoto M, Nomura M, Otani H, Nabika T, Gonda T., Effects of phytoncides on blood pressure under restraint stress in SHRSP; Clin Exp Pharmacol Physiol. **2004** Dec;31 Suppl 2:S27-8.
88. Kawamoto, M.; Kawakami, K.; Otani, H.; Effects of phytoncides on spontaneous activities and sympathetic stress responses in Wistar Kyoto and stroke-prone spontaneously hypertensive rats. *Shimane J. Med. Sci.* **2008**, 25, 7–12.

89. Morita E., Imai M., Okawa M., Miyaura T., Miyazaki S.; A before and after comparison of the effects of forest walking on the sleep of a community-based sample of people with sleep complaints; *Biopsychosoc Med.* 2011 Oct 14;5:13.

90. Berman M.G., Jonides J., Kaplan S.; The cognitive benefits of interacting with nature.; *Psychol Sci.* **2008** Dec; 19(12):1207-12

91. Kuo F.E., Taylor A.F.; A Potential Natural Treatment for Attention-Deficit/Hyperactivity Disorder: Evidence From a National Study; *Am J Public Health.* **2004** September; 94(9): 1580–1586

92. Bratman G.N., Hamilton J.P., Hahn K.S.,. Daily G.C., Gross J.J.; Nature experience reduces rumination and subgenual prefrontal cortex activation; Proceedings of the National Academy of Sciences, PNAS July 14, **2015** 112 (28) 8567-8572.

93. Berman M.G., Kross E., Krpan K.M., Askren M.K., Burson A., Deldin P.J, Kaplan S., Sherdell L., Gotlib I.H., Jonides J.; Interacting with Nature Improves Cognition and Affect for Individuals with Depression; *National Institute Health Public Access* J Affect Disord. **2012** November ; 140(3): 300–305.

94. Atchley R.A., Strayer D.L., Atchley P.; Creativity in the Wild: Improving Creative Reasoning through Immersion in Natural Settings ; *PLOS one* December 12, **2012**

95. Tsao TM., Tsai MJ.,   Hwang JS., Cheng WF., Wu CF., Chou CK., Su TC.; Health effects of a forest environment on natural killer cells in humans: an observational pilot study; *Oncotarget.* **2018** Mar 27;9(23):16501-16511.

2.2 GLI ANIONI, L'"ELETTRICITÀ NELL'ARIA"

96. Jiang S.Y., Ma A., Ramachandran S.; Negative Air Ions and Their Effects on Human Health and Air Quality Improvement.; *Int J Mol Sci.* **2018** Sep 28;19(10).
97. Krueger A., Smith R., The biological mechanisms of air ion action. II. Negative air ion effects on the concentration and metabolism of 5-hydroxytryptamine in the mammalian respiratory tract.; *J Gen Physiol.* **1960** Nov;44:269-76.
98. Krueger A.; Air ions and physiological function; *J Gen Physiol.* **1962** Mar;45(4)Pt 2:233-41.
99. Hawkins, L. The influence of air ions, temperature and humidity on subjective wellbeing and comfort. *J. Environ. Psychol.* **1981**, 1, 279–292.
100. Ling, X.; Jayaratne, R.; Morawska, L. Air ion concentration in various urban outdoor environments. *Atmos. Environ.* **2010**, 44, 2186–2193.
101. Jayaratne, R.; Ling, X.; Morawska, L. Role of vegetation in enhancing radon concentration and ion production in the atmosphere. *Environ. Sci. Technol.* **2011**, 45, 6350–6355.
102. Pawar, S.D.; Meena, G.; Jadhav, D. Air ion variation at poultry-farm, coastal, mountain, rural and urban sites in India. *Aerosol Air Q. Res.* **2012**, *12*, 440–451.
103. Yates A., Gray F.B., Misiaszek J.I., Wolman W., Air ions: Past problems and future directions, *Environment International,* Volume 12, Issues 1–4, **1986**, Pages 99-108.
104. Happ J. W., Harstad J. B., Buchanan A. L. M., Effect of Air Ions on Submicron TI Bacteriophage Aerosols; Applied Microbiology, Nov., **1966**; Vol. 14, No. 6.
105. Shepherd S.J., Beggs I. C. B, Smith C. F.,1 Kerr K. G., Noakes C. J. Sleigh P. A.; Effect of negative air ions on the potential for bacterial contamination of plastic medical equipment, *BMC Infect Dis;* Published **2010** Apr 12.
106. Krueger, A.; Andriese, P.; Kotaka, S. Small air ions: Their effect on blood levels of serotonin in terms of modern physical theory. *Int. J. Biometeorol.* **1968**, *12*, 225–239.
107. Krueger, A. Air ions as biological agents—Fact or fancy, part I and II. *Immol. Allergy Pract.* **1982**, 4, 129–140.
108. Kellogg, E.I. Air ions: Their possible biological significance and effects. *Electromagn. Biol. Med.* **1984**, *3*, 119–136.

109. Sulman, F.; Danon, A.; Pfeifer, Y.; Tal, E.; Weller, C. Urinalysis of patients suffering from climatic heat stress (Sharav). *Int. J. Biometeorol.* **1970**, *14*, 45–53.

110. Tom, G.; Poole, M.; Galla, J.; Berrier, J. The influence of negative air ions on human performance and mood. *Hum. Factors* **1981**, *23*, 633–636.

111. Sulman, F. Meteorological front movements and weather sensitivity. *Arztliche Prax.* **1971**, *23*, 998–999.

112. Terman, M.; Terman, J. Treatment of seasonal affective disorder with a high-output negative ionizer. *J. Altern. Comlement. Med.* **1995**, *1*, 87–92.

113. Goel, N.; Etwaroo, G.R. Bright light, negative air ions and auditory stimuli produce rapid mood changes in a students population: A placebo-controlled study. *Psychol. Med.* **2006**, *36*, 1253–1263.

114. Yamada, R.; Yanoma, S.; Akaike, M.; Tsuburaya, A.; Sugimasa, Y.; Takemiya, S.; Imada, T. Water-generated negative air ions activate NK cell and inhibit carcinogenesis in mice. *Cancer Lett.* **2006**, *239*, 190–197.

115. Lv, J.; Wang, W.; Krafft, T.; Li, Y.; Zhang, F.; Yuan, F. Effects of several environmental factors on longevity and health of the human population of Zhongxiang, Hubei, China. *Biol. Trace Elem. Res.* **2010**, *143*, 702–716.

2.3 I MICRORGANISMI DEL SUOLO E DELL'INTESTINO

116. Strachan, D.; Hay fever, hygeine, and household size. *Br. Med. J.* **1989**, *299*, 1259–1260.
117. Rook, G.; Raison, C.L.; Lowry, C.A. Can we vaccinate against depression? *Drug Discov. Today* **2012**, *17*, 451–458.
118. Grenham, S.; Clarke, G.; Cryan, J.; Dinan, T. Brain-gut-microbe communication in health and disease. *Front. Physiol.* **2011**, *2*, 1–15.
119. Rook, G.; Raison, C.; Lowry, C. Microbial 'old friends', immunoregulation and socioeconomic status. *Clin. Exp. Immunol.* **2014**, *177*, 1–12.
120. Xu, J.; Mahowald, M.; Ley, R.; Lozupone, C.; Hamady, M.; Martens, E. Evolution of symbiotic bacteria in the distal human intestine. *PLoS Biol.* **2007**, *5*, e156.
121. Gil, S.R.; Pop, M.; DeBoy, R.T.; Eckburg, P.B.; Turnbaugh, P.J.; Samuel, B.S.; Gordon, J.I.; Relman, D.A.; Fraser-Liggett, C.M.; Nelson, K.E. Metagenomic analysis of the human distal gut microbiome. *Science* **2006**, *312*, 1355–1359.
122. Heijtz, R.; Wang, S.; Anuar, F.; Qian, Y.; Bjorkholm, B.; Samuelsson, A.; Hibberd, M.; Frossberg, H.; Pettersson, S. Normal gut microbiota modulates brain development and behavior. *Proc. Natl. Acad. Sci. USA* **2011**, *108*, 3047–3052.
123. Neufeld, K.; Kang, N.; Bienenstock, J.; Foster, J. Effects of intestinal microbiota on anxiety-like behavior. *Commun. Integr. Biol.* **2011**, *4*, 492–494.
124. Sudo, N.; Chida, Y.; Aiba, Y.; Sonoda, J.; Oyama, N.; Yu, X.; Kubo, C.; Koga, Y. Postnatal microbial colonization programs the hypothalamic-pituitary-adrenal system for stress response in mice. *J. Physiol.* **2004**, *558*, 263–275.
125. Rook, G.; Brunet, L. Give us this day our daily germs. *Biologist* **2002**, *49*, 145–149.
126. Hanski, I.; von Hertzen, L.; Fyhrquist, N.; Koskinen, K.; Torppa, K.; Laatikainen, T.; Karisola, P.; Auyinen, P.; Paulin, L.; Makela, M.J.; et al. Environmental biodiversity, human microbiota, and allergy are interrelated. *Proc. Natl. Acad. Sci. USA* **2012**, *109*, 8334–8339.
127. McFall-Ngai, M.; Hadfield, M.; Bosch, T. Animals in a bacterial world, a new imperative for the life sciences. *Proc. Natl. Acad. Sci. USA* **2013**, *110*, 3229–3236.
128. Peen, J.; Schoevers, R.; Beekman, A.; Dekker, J. The current status of urban-rural differences in psychiatric disorders. *Acta Psychiatr. Scand.* **2010**, *121*, 84–93.

129. Bach, J. The effect of infections on susceptibility to autoimmune and allergic diseases. *N. Engl. J. Med.* **2002**, *347*, 911–920.

130. Rook, G.; Lowry, C.; Raison, C.L. Microbial old friends, immunoregulation and stress resilience. *Evol. Med. Public Health* **2013**, *2013*, 46–64.

131. De Filippo, C.; Cavalieri, D.; Di Paola, M.; Ramazzotti, M.; Poullet, J.B.; Massart, S.; Collini, S.; Pieraccini, G.; Lionetti, P. Impact of diet in shaping gut microbiota revealed by a comparative study in children from Europe and Rural Africa. *Proc. Natl. Acad. Sci. USA* **2010**, *107*, 14691–14696.

132. Yatsunenko, T.; Rey, F.E.; Manary, M.J.; Trehan, I.; Dominguez-Bello, M.G.; Contreras, M.; Margris, M.; Hidalgo, G.; Baldassano, R.N.; Anokhin, A.P.; et al. Human gut microbiome viewed across age and geography. *Nature* **2012**, *486*, 222–227.

133. Ege, M.J.; Mayer, M.; Normand, A.-C.; Genuneit, J.; Crookson, W.O.; Braun-Fahrlander, C.; Heederik, D.; Piarroux, R.; von Mutius, E. Exposure to environmental microorganisms and childhood asthma. *N. Engl. J. Med.* **2011**, *364*, 701–709.

134. O'Brien, M.; Anderson, H.; Kaukel, E.; O'Byrne, K.; Pawlicki, M.; Von Pawel, J.; Reck, M. SRL172 (killed *Mycobacterium vaccae*) in addition to standard chemotherapy improves quality of life without affecting survival, in patients with advanced non-small-cell lung cancer: Phase III results. *Ann. Oncol.* **2004**, *15*, 906–914.

135. Rook, G.; Brunet, L. Microbes, immunoregulation and the gut. *Gut* **2005**, *54*, 317–320.

136. Leussis, M.; Bolivar, V. Habituation in rodents: A review of behavior neurobiology and genetics. *Neurosci. Biobehav. Rev.* **2006**, *30*, 1045–1064.

137. Matthews, D.M.; Jenks, S.M. Ingestion of *Myobacterium vaccae* decreases anxiety-related behavior and improves learning in mice. *Behav. Process.* **2013**, *96*, 27–35.

138. Maas, J.; Verheij, R.; Groenewegen, P.; de Vries, S.; Spreeuwenberg, P. Green space, urbanity, and health: How strong is the relation? *J. Epidemiol. Community Health* **2006**, *60*, 587–592.

139. Mitchell, R.; Popham, F. Effect of exposure to natural environment on health inequalities: An observational population study. *Lancet* **2008**, *372*, 1655–1660.